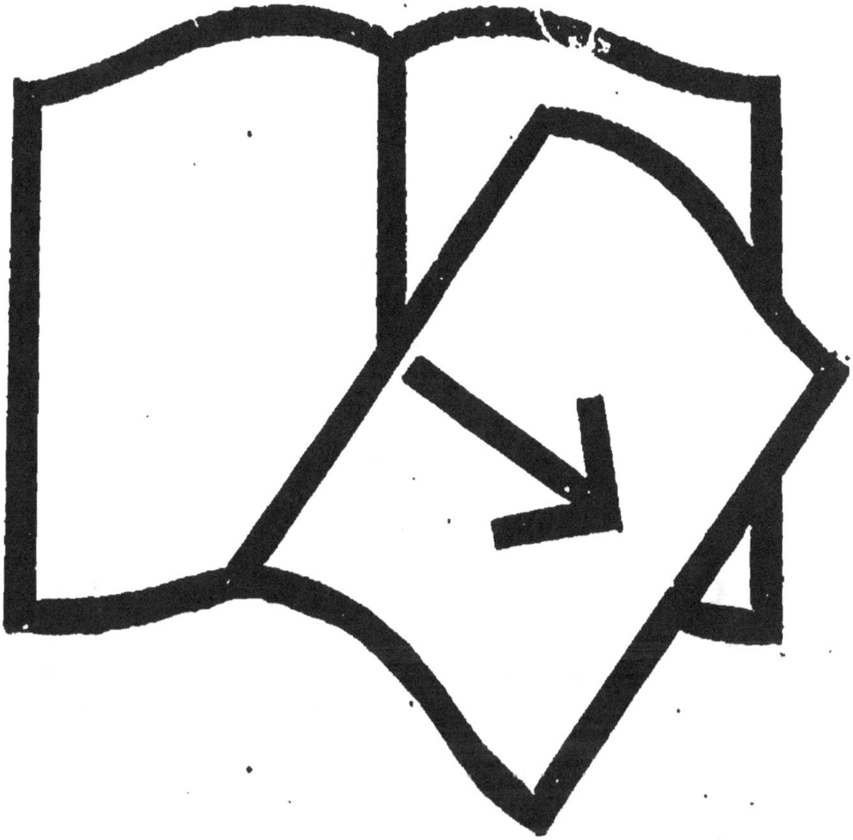

Couvertures supérieure et inférieure manquantes.

ORDRE DE ROSE†CROIX

IIIᵉ GESTE ESTHÉTIQUE
TROISIÈME SALON
CATALOGUE

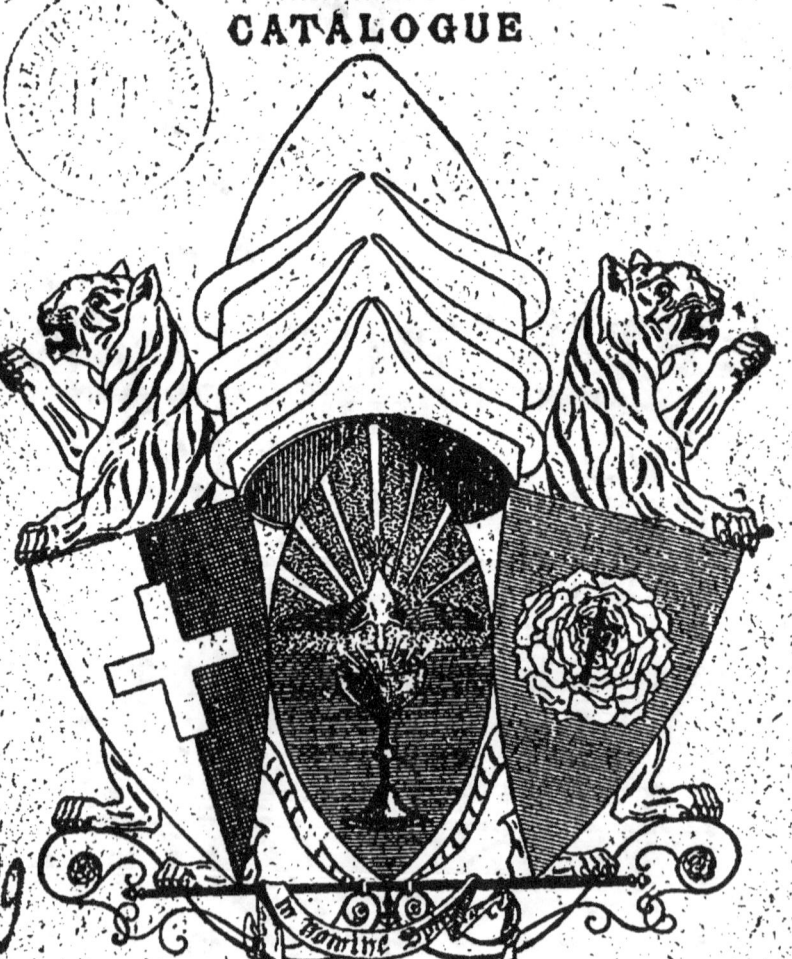

De 10 heures du matin à 6 heures du soir.
— DU 8 AVRIL AU 7 MAI —

Pour paraître le 1ᵉʳ Mai

En souscription au Salon de la Rose✝Croix.

~~~~~~~~~

L'ART IDÉALISTE
ET MYSTIQUE

DOCTRINE DES ROSE✝CROIX

Un volume in-18 jésus...................... 3 fr. 50
    2 fr. 50 pour les Souscripteurs.

~~~~~~~~~

TABLE :

Théorie de la beauté.

Les sept arts de beauté.

I. Les arts intrinsèques de la personnalité :
    Théâtrique. — Diction. — Éloquence.

II. Les arts extrinsèques ou arts du dessin :
    Architecture, sculpture, peinture.

III. Cynétique de la beauté. — La volupté esthétique (musique). — Les Hiérarchies et leurs Génies.

DÉPOT LÉGAL — Seine Nᵒ 1634 — 1894

COMMÉMORATION

DE

PIERRE RAMBAUD

CHEVALIER STATUAIRE DE LA R✝C

mort pour son art, le 29 octobre 1893.

~~~~~~~~~~

 Au moment où ce bon chevalier de l'art très-noble s'est couché pour l'éternelle contemplation, l'Ordre alors dispersé n'a pu paraître auprès de sa tombe.
 Nous manifestons tardivement notre regret mais d'une manière durable, en mettant la troisième geste, sous la commémoration de ce vaillant Rose✝Croix, qui était rue Laffite, qui était au Champ-de-Mars, et qui est encore, rue de la Paix, par sa *Martyre* admirable.
 En nos critiques d'art annuelles nous avons suivi l'essor de Pierre Rambaud, *L'Aurore*, les jeunes *Bayard* et *d'Aubigné*, ses têtes d'expression demanderaient de longs et admiratifs commentaires.
 Sa dernière œuvre fut le Bayard colossal; ce chevalier statuaire devait donner son dernier effort à une telle figure.
 Il fut aussi noble de caractère que d'œuvre.
 Nous le commandons à vos prières, à votre admiration, à votre mémoire.   S. P.

COMMÉMORATION

DE

FIRMIN BOISSIN (SIMON BRUGAL)

COMMANDEUR DE LA ROSE✝CROIX DU TEMPLE
PRIEUR DE TOULOUSE
ET DOYEN DU CONSEIL DES 14
mort dans les bras de l'Église.

~~~~~~~~

A tous ceux de Notre Ordre et à ceux de l'intellectualité, mandons en grand douloir le trépas en Dieu de Notre Commandeur et Prieur de Toulouse FIRMIN BOISSIN.

Nous perdons en lui Notre Doyen; il avait reçu l'accolade Rose ✝ Cruxienne de la dernière branche de l'Ordre traditionnel, celle de Toulouse.

En 1858, il reçut Rose✝Croix Notre frère le docteur Adrien Peladan, et à la mort du docteur illuminé, Nous devînmes légitimement le grand Maître de cet ordre éteint, que Nous avons ranimé.

Firmin Boissin a écrit un admirable roman sur la Révolution dans l'Ardèche: *Jan de la lune;* une savante étude: *Le Camp de Jalès;* des critiques biographiques: *Les Excentriques disparus;* il a rédigé longtemps *Le Messager de Toulouse,* par nécessité. Nous le commandons à vos prières, à vos lectures et à votre mémoire. Amen.   S. P.

LEIT MOTIV DE LA JOCONDE

« Je sais : je suis sereine et sans désir ; cependant ma mission est de distribuer du désir, car mon énigme fomente et développe ceux qui me regardent ; je suis le gracieux pentacle du Vinci, je manifeste son âme, qui ne se fixa jamais, parce qu'elle voyait trop haut et trop profond. Je suis celle qui n'aime pas, parce que je suis celle qui pense ; seule femme de l'art qui, quoique belle, n'attire pas le baiser : je n'ai rien à donner à la passion ; mais si l'intelligence m'approche, elle se mirera dans le prisme de mon expression comme dans un miroir multicore, et j'aiderai quelques-uns à prendre conscience d'eux-mêmes ; ceux-là qui recevront de moi le baiser de l'esprit pourront dire que je les aime selon la volonté du Vinci, qui me créa pour montrer qu'il y a une concupiscence de l'esprit, car c'est mon expression qui me fait aimer, elle qui nie aimer, sinon de la pensée.

LEIT MOTIV DU PRÉCURSEUR

« Mon geste incite et mon sourire défie, et je suis Jean ! Ne t'étonne pas : mon geste dit la vérité à tous, et mon sourire la dit à quelques-uns ; j'agis pour la masse, je souris pour le petit nombre ; comme je suis androgyne de formes, je suis double de pensée, positif et impérieux, exotériquement ; passif, et doux pour les élus.

« Mon doigt élevé montre le ciel ; j'annonce la nécessité du salut ; le plissement de ma bouche révèle que le salut n'est pas toujours la douleur. Ce que tu vois dans mes yeux, c'est la volupté des esprits, je sais le mal transitoire comme la douleur, et que le bien, comme la joie, seuls sont éternels. Les imbéciles traduiront ma moue singulière par le scepticisme, cette ignorance, et je sais : je suis le plus savant des anges ; ma main ordonne de croire et mes lèvres incitent à comprendre. Celui qui se laissera séduire par ma grâce possédera un jour ce sourire des Khérubs éternellement ravis de la connaissance divine. Les hommes ont besoin de craindre ; mais moi, plus près de Dieu, je souris de cette crainte, parce que j'aime, que j'aime indéfectiblement, et que cet amour m'unit à la Cange ; le ciel sourit, le ciel est gai, le ciel est la volupté sainte, je révèle le salut par la beauté, tel que le conçut Léonard de Vinci, archange, maître des formes, au séjour éternel. Je suis l'Annonciateur de la Mystique de beauté, de la Mystique d'art, de la Volupté pure. »

CATALOGUE

DES

ŒUVRES DE PEINTURE

DESSIN ET SCULPTURE

EXPOSÉES AU TROISIÈME SALON DE LA ROSE✝CROIX

Du 8 Avril au 7 Mai. *(De 10 heures du matin à 6 heures du soir.)*

5, rue de la Paix, 5

~~~~~~~~~

Albinet (Gabriel). — 45, quai Bourbon.

1 — *Composition pour l'affiche du troisième Salon de la Rose Croix : Joseph d'Arimathie, premier grand-maître du Graal, sous les traits de Léonard de Vinci et Hugue des Païens, premier maître du temple, sous le masque de Dante, forment escorte à l'Ange romain tenant le calice à la Rose Crucifère enorante.*

Azambre. — 13, rue Bonaparte.

   2 — *Noël.*

Boom (A.). — 127, Rustenburgers.

   3 — *Supplication de Dragamosus,* (d'après la légende de Prins.

Brémond (J.-L.). — 29, rue de l'Yvette (Auteuil).

   4 — *Une Libellule.*

Bussière (A.) — Avenue de Saxe.

   5 — *Projet pour les Croisés.*

Cairon (B.). — 22, rue Blanche.

   6 — *Prêtresse d'Isis.*

Chabas (Maurice). — Rue Bara, 3.

7 — *Awena*.

8 — *Archéa*. (Incarnation de la volonté pure et du commandement.)

9 — *Celsa*. (Phase extatique.)

10 — *Mélété*. (Mélodie du soir. — Sensation de calme et de recueillement.)

11 — *Esprit de Lumière*. (Dessin.)

Cornillier (P.-Emile). — 21, rue Guénégaud.

12 — *L'Annonciation à la fontaine*. (D'après les Evangiles apocryphes.)

13 — *L'Homme pensif devant la nuit*. (Toile en cours d'exécution.)

14 — *L'Espérance*. (Esquisse.)

Couty (Edme). — Rue de Prony.

15 — *Le Bain*. (Panneau décoratif.)

Delville (Jean). — 31, rue de l'Eglise, Saint-Gilles lès-Bruxelles.

16 — *Orphée.*
17 — *La Fin d'un Règne.*
18 — *Le Geste d'Ame.*
19 — *Satana.*
20 — *La Tranquille.*
21 — *Maternitas*
22 — *Etude féminine.*

Dujardin (Jules.) — Chaussée de Veurgat (Bruxelles.)

23 — *Le mauvais Œil.*
24 — *Le Verbe s'est fait chair.*

Duthoit (Adrien). — Rue de Vaugirard, 195.

25 — 1° *Ste-Marguerite.* (Appartient à Mlle M. P.)
26 — 2° *Clair de Lune.* (Appartient à M. C. Theunissen.)
27 — 3° *Tête de Femme,* (étude.)
28 — 4° *Tête de Femme,* (étude.)

Eymieu (B.-L.) — Rue de Lille.

29 — *Saint-Roch retrouvé par les chiens de Gotar.* (Appartient à M. E.)

30 — *Le Chemin du Cimetière.*

Fevre (de).

31 — *L'Abîme*, (aquarelle.)

Gachons (Andhré des). — 40, rue du Bac.

32 — *La Princesse Sarah de Maupers (Axel),* esquisse.

33 — *Yanthis.*

34 — *Amies d'Avril.*

35 — *Après la chair point désirée* (texte de Jacques des Gachons). Extrait de l'*Album des Légendes.*

36 — *Passante de Rêve.*

37 — *Chant de Vierges.*

Hawkins ( ).

38 — *Dévotion.*

Jacquin (Arthur). — 35 rue Bertrond.

39 — *Eucharistie.*
40 — *Incantation.*
41 — *Allez là-bas voltiger sur les fleurs.* panneau décoratif.
42 — *Rêve étoilé.*

Knopff (Fernan). — 1, rue Saint-Bernard, Bruxelles.

43 — *Des Feuilles de Pervenche.*
44 — *Etude.*
45 — *Jalousie.*

La Lyre (Ad.). — 4, rue St-Paul.

46 — *L'amour timide fuyant les Sirènes.*

47 — *Tête de jeune fille, (dessin.)*

48 — *Mérovingienne.*

Lévêque. — 32, rue du Chaulour, à Nivelles, (Belgique).

49 — *Vipérina et Panthéra.*

Marcius-Simons (P.). — 156, boulevard Pereire.

50 — *Jeanne d'Arc. (L'Attente.)*

51 — *Saint Georges et le Dragon. (Légende.)*

52 — *Le Jour.*

53 — *La Tentation.*

54 — *La Fièvre.*

55 — *Vous, cœurs aimants ! (Gouache.)*

Middeleer. — 15, Petite rue de la Concorde, Bruxelles.

56 — *Une Démoniaque.*

Osbert (Alphonse). — 7, rue Alain-Chartier.

57 — *Harmonie Virginale.*
58 — *La bergère et la mer.*
59 — *La chanson de l'Aurore.*

60 — *Les saintes Femmes se rendant au Tombeau..*

61 — *Le Christ sur le mont des Oliviers.*
62 — *Le silence du soir dans les bois.*
63 — *Nymphe.*

TROISIÈME GESTE ESTHÉTIQUE

Ottevaere (Henri). — 31, rue de la Putterie.

    64 — *Estivale rumeur.*
    65 — *Naissance de Vénus.*

Point (Armand). — 32, avenue d'Iéna.

    66 — *Princesse nocturne* (pastel).
    67 — *L'Ame des Pins* (pastel).

Prouho. — 19, avenue de Trouville.

    68 — *Orchidée.*

Rambaud. — 61, rue d'Erlanger.

    69 — *Une Martyre* (statue, plâtre).
    70 — *Fiat voluntas tua* (tête).
    71 — *Le Rêve* (tête).
    72 — *Berlioz-Donners* (Symphonie).
    73 — *Pressentiment* (tête).

Riquet.

73 bis. *Flor de Silio.*

Rigaud (Julien). — 31, rue du Cherche-Midi.

74 — *L'Ame (Ba) vole de la tombe au soleil nocturne.*

75 — *Le Double (Ka) rêve au seuil de la tombe.*

76 — *Vishnou « le beau jeune homme bleu » dort sur le serpent Césha dans l'océan du chaos.*

77 — *Une Sainte.*

78 — *Au sein du mont de Vôge :*
    1° La Roche du page.
    2° La Croix et le cavalier sans tête.
    3° Procession de fantômes.
    4° L'Ermite Bilon et les Krikis (sorciers).

Rosencrantz (Baron Aril de). — 24, avenue de Saxe.

79 — *La Madone.*

TROISIÈME GESTE ESTHÉTIQUE

80 — *Le Désert.*

81 — *La Vierge et l'Enfant.*

82 — *Chimère.*

83 — *Saint-Georges.*

RÈGLES DU TROISIÈME SALON

DE LA

ROSE ☦ CROIX

~~~~~~~~~

I — BUT

L'Ordre de la Rose ☦ Croix du Temple a pour but de restaurer en toute splendeur le culte de l'IDÉAL avec la TRDITION pour base et la BEAUTÉ pour moyen.

II — DÉFINITIONS

La doctrine esthétique de la Rose ☦ Croix est exposée en un volume sous presse pour le 15 mai et intitulé :

L'ART D'IDÉALISTE ET MYSTIQUE, doctrine de l'Ordre de la ROSE ☦ CROIX, par son Grand-Maître.

Nous en extrayons ces définitions :

L'art est l'ensemble des moyens expressifs de la Beauté.

La Beauté résulte de la convenance parfaite entre une conception et le procédé qui l'exprime.

L'Idéalité, seule règle dans la recherche de la Beauté, se définit: une version de l'Archétype, c'est-à-dire toute la perfection attribuable à une forme.

III — CARACTÈRE DE L'INVITATION

Le caractère théocratique de l'ordre de la R ☩ C n'engage aucunement les artistes, et leur individualité reste en dehors du caractère de l'Ordre.

Ils sont seulement invités, et par conséquent nullement solidaires au point de vue doctrinal.

IV — SUJETS HONNIS

Voici les sujets repoussés, quelle que soit l'exécution, même parfaite.

1º La peinture d'histoire, prosaïque et illustrative de manuel, telle que les Delaroche ;

2º La peinture patriotique et militaire, telle que les Meissonnier, Neuville, Detaille, sauf la Chouannerie ;

3o Toute représentation de la vie contemporaine ou privé ou publique ;

4º Le portrait — sauf comme honneur iconique ;

5º Toute scène rustique ;

6º Tout paysage sauf celui à la Poussin ;

7º La marine, les marins ;

8º Toute chose humoristique ;

9º L'orientalisme seulement pittoresque ;

10º Tout animal domestique et se rattachant au sport ;

11º Les fleurs, les bodegones, les fruits, accessoires et autres exercices que les peintres ont d'ordinaire l'insolence d'exposer.

V — SUJETS ACCUEILLIS

L'Ordre favorisera d'abord l'Idéal catholique et la mysticité.

Au-dessous de la Légende, le Mythe, l'Allégorie, le Rêve, la Paraphrase des grands poètes et enfin tout lyrisme, en préférant comme d'essence supérieure, l'œuvre d'un caractère mural.

Pour plus de clarté, voici les sujets qui seront les bienvenus :

1° Le dogme catholique et les thèmes italiens de Margharitone à André Sacchi ;

2° Les thèmes poétiques, légendaires, les scènes de Chouannerie considérés comme *acta martyrum* ;

3° L'Allégorie, soit expressive comme « Modestie et Vérité » soit décorative, comme l'œuvre de Puvis de Chavannes ;

4° Le nu sublimé, le nu de style, à la Primatice, à la Corrège ; ou la tête d'expression noble à la Léonard, à la Michel-Ange.

VII — SCULPTURE

La même règle s'applique à la Sculpture.

On accueillera également l'harmonie ionienne, la subtilité gothique et l'intensité de la Renaissance.

Sont repoussés : la sculpture historique, patriotique, contemporaine et pittoresque, c'est-à-dire celle qui ne présente que le corps en mouvement sans expression d'âme. Aucun buste ne sera reçu sauf par une dérogation spéciale, comme honneur iconique.

VIII — ADMISSION TECHNIQUE

Le salon de la Rose ✝ Croix admet toutes les formes

de l'art du dessin depuis la simple mine de plomb et l'esquisse jusqu'aux cartons de fresque et vitrail.

IX — ARCHITECTURE

L'Architecture! Cet art étant mort en 1789 on n'acceptera que des restitutions ou des projets de temples et de palais féeriques.

X — AUX OUVRIERS D'ART

Conformément à la tradition des Rose-Croix architectes, l'Ordre accueillera l'ouvrier qui aura fait *œuvre d'artiste* dans le travail des métaux, le meuble ou même le dessin ornemental.

Son ouvrage devra satisfaire à nos règles esthétiques; pour plus de clarté, nous considérons Jean d'Udine et Polydore de Caravage, comme les maîtres de l'ornement noble.

L'ouvrier écrira au secrétariat de l'Ordre, et quelqu'un de nous ira juger de l'ouvrage et de sa possible exposition.

XI — JURY — COTISATION

Il n'y a ni jury, ni cotisation.

XII — VISITE AUX ŒUVRES

L'Ordre procède par invitation d'abord vis-à-vis de l'artiste; ensuite vis-à-vis des œuvres elles-mêmes, que le Sar ira voir à l'atelier dans le mois précédant le Salon.

XIII — FORMES

Quoique l'Ordre ne prétende décider que de l'idéalité d'une œuvre, il repoussera cependant, le sujet fut-il mystique, toute œuvre où les proportions du corps humain, les lois de perspective, enfin les règles techniques seraient insolemment violées.

APPEL ÉGLECTIQUE

L'Ordre s'efforce de convertir au Beau et de ramener à l'idéal les artistes en possession d'une bonne technie.

Il ne se flatte point de créer de sitôt de nouveaux talents.

Donc, celui qui produirait un ouvrage conforme au programme de la R ✝ C, quoique son œuvre antérieure fut différente et réaliste, sera accepté, l'Ordre ne jugeant que de ce qui lui est présenté et non de l'antécédance.

Il est ainsi loisible à tout artiste présenté par un des membres fondateurs de réclamer la visite du Sar à son atelier dans le mois qui précède le Salon.

Même, l'artiste, sans aucun parrain, peut envoyer son œuvre une semaine avant le vernissage.

XIV — ÉTRANGER

Pour l'Ordre de la Rose ✝ Croix, le mot étranger n'a aucun sens.

Ce Salon revêt au plus haut point le caractère international.

Dans les capitales et les principales villes de France, l'Ordre a des consuls chargés de signaler et d'envoyer la photographie et les dimensions des œuvres.

Toutefois, à moins d'en avoir donné l'assurance spéciale, la Grande Maîtrise n'est pas engagée par les actes consulaires.

XV — PARIS

Deux mois avant le Salon, les artistes fondateurs et invités doivent envoyer à la Grande Maîtrise une notice contenant nom et adresse, sujet et dimension.

XVI — PRÉFÉRENCE

En thèse, l'Ordre préfère les statuettes aux statues et les tableaux de chevalets, aux grandes toiles ; il peut déroger à ce point, mais il avertit de sa préférence.

FEMMES

Suivant la loi magique, aucune œuvre de femme ne sera jamais ni exposée ni exécutée par l'Ordre.

PERTE OU AVARIE.

La Rose ✝ Croix prévient que les œuvres figurant au Salon ne sont pas assurées.

En cas de perte ou d'avarie, l'Ordre décline toute responsabilité pécuniaire.

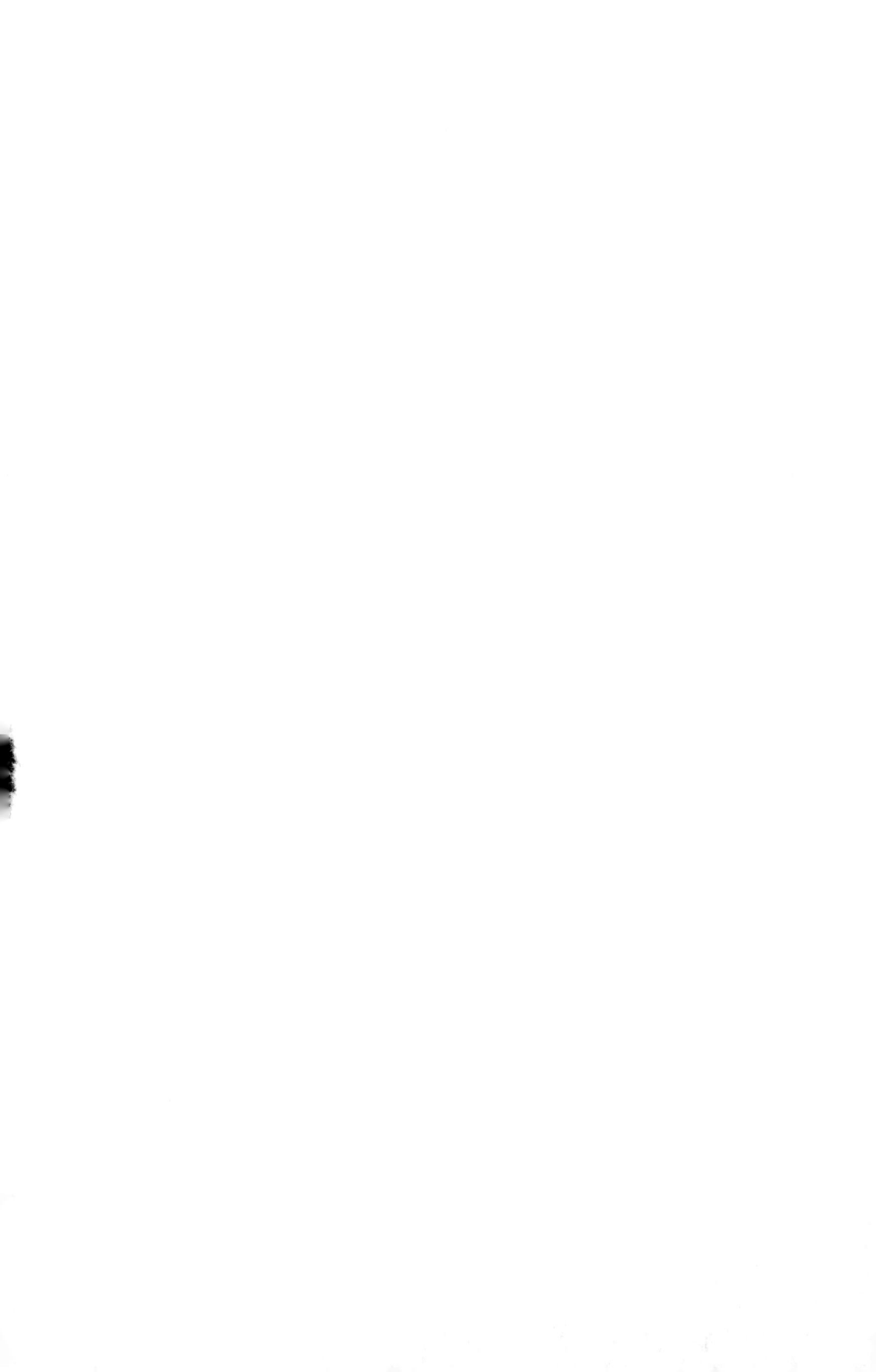

www.ingramcontent.com/pod-product-compliance
Lightning Source LLC
Chambersburg PA
CBHW030107230526
45471CB00003B/1307